Nicole Brauer/Séverine Iseli

Lernwerkstatt Waldtiere

1./2. Klasse

Kopiervorlagen

Gedruckt auf umweltbewusst gefertigtem, chlorfrei gebleichtem
und alterungsbeständigem Papier.

1. Auflage 2009
Nach den seit 2006 amtlich gültigen Regelungen der Rechtschreibung
© by Brigg Pädagogik Verlag GmbH, Augsburg
Alle Rechte vorbehalten.

Originalausgabe © elk *verlag* AG, CH-Winterthur, www.elkverlag.ch
Nicole Brauer / Séverine Iseli
Waldtiere

Das Werk und seine Teile sind urheberrechtlich geschützt. Jede Nutzung in anderen als den gesetzlich zugelassenen Fällen bedarf der vorherigen schriftlichen Einwilligung des Verlages.
Hinweis zu § 52 a UrhG: Weder das Werk noch seine Teile dürfen ohne eine solche Einwilligung eingescannt und in ein Netzwerk eingestellt werden. Dies gilt auch für Intranets von Schulen und sonstigen Bildungseinrichtungen.
Illustrationen: Nicole Brauer

ISBN 978-3-87101-385-0   www.brigg-paedagogik.de

INHALTSVERZEICHNIS

4	**Vorbereitung/Organisation**
5	**Arbeitsaufträge/Material**
	Kopiervorlagen
9	Feldhasen und Kaninchen
10	Bildergeschichte
11	Labyrinth
12	Eichhörnchen Kiki – Schlangensätze
13	Buchstabenwald
14	Ausmalen
15	Wald-Lotto A
16	Wald-Lotto B
17	Sätze erkennen
18	Wortteile
19	Sätze erfinden
20	Wanderdiktate
21	Lesen und zeichnen
22	Der Baum
23	Gedicht A
24	Gedicht B
25	Zehn-Fehler-Suchbild
26	Wald-Memory A
27	Wald-Memory B
28	Verse
29	Waldtiere erkennen
30	Kreuzworträtsel
31	Leseheft – Lernkontrolle A
32	Leseheft – Lernkontrolle B
33	Kontrollblatt
35	**Arbeitskarten 1–24**
47	**Lesehefte:**
47	Wildkaninchen Beni und Berta
51	Eichhörnchen Kiki
55	Spechte Zip und Zap
59	Uhu Tom

VORBEREITUNG/ORGANISATION

ÜBERSICHT Diese Werkstatt beinhaltet vier Lesehefte über Waldtiere, Arbeitsaufträge zu den vier Tieren und zum Thema Wald. In den Leseheften kommen folgende Waldtiere vor:

- Wildkaninchen Beni und Berta
- Eichhörnchen Kiki
- Spechte Zip und Zap
- Uhu Tom

LESEHEFTE Die Lesehefte können als Klassenlektüre oder als Werkstattposten eingesetzt werden. Zu jedem Tier gibt es drei Aufgaben. Zusätzlich sind Aufgaben vorhanden, die zu Waldtieren sowie zum Thema Wald Bezug nehmen.

ORGANISATION
- Wir empfehlen, die Werkstatt im letzten Quartal der 1. Klasse oder im ersten Quartal der 2. Klasse einzusetzen.
- Während eines Klassenausfluges in den Wald können Waldgegenstände (Rinde, Moos, Äste, Nüsse, usw.) gesammelt und im Schulzimmer für ein Klassenbild verwendet werden.
- Die Arbeitsaufträge sind so gestaltet, dass sie von den Kindern selbstständig gelöst werden können.
- Die Arbeitsaufträge können in A5-Zeigetaschen gesteckt und im Klassenzimmer aufgehängt werden.

LERNKONTROLLE
- Eine fertige Arbeit wird der Lehrkraft gezeigt und von ihr kontrolliert. Danach darf das Kind auf seinem Kontrollblatt das betreffende Feld ausmalen.

ARBEITSAUFTRÄGE/MATERIAL

AUFTRAG   **Feldhasen und Kaninchen**
Lies die Texte sorgfältig durch. Ordne die Sätze dem Kaninchen oder dem Feldhasen zu.

MATERIAL   Arbeitsblatt, siehe Kopiervorlage Seite 9.

AUFTRAG   **Bildergeschichte**
Schau dir die vier Bilder genau an. Schreibe zu jedem Bild mindestens zwei passende Sätze.

MATERIAL   Arbeitsblatt, siehe Kopiervorlage Seite 10.

AUFTRAG   **Labyrinth**
Zeichne den Weg durch das Labyrinth mit einem wasserlöslichen Filzstift auf die Zeigetasche.

MATERIAL   Arbeitsblatt, siehe Kopiervorlage Seite 11.
wasserlöslicher Filzstift
Zeigetasche

AUFTRAG   **Eichhörnchen Kiki – Schlangensätze**
Lies die Schlangensätze genau durch. Kreise die einzelnen Wörter ein. Schreibe die Sätze richtig ab. Achte auf die Nomen.

MATERIAL   Arbeitsblatt, siehe Kopiervorlage Seite 12.

AUFTRAG   **Buchstabenwald**
Umkreise die zwölf Wörter im Buchstabenwald mit verschiedenen Farben.

MATERIAL   Arbeitsblatt, siehe Kopiervorlage Seite 13.

HINWEIS   In jeder Zeile befindet sich ein Wort.

AUFTRAG   **Ausmalen**
Lies den Text sorgfältig durch. Male das Eichhörnchen genau aus.

MATERIAL   Arbeitsblatt, siehe Kopiervorlage Seite 14.

Wald-Lotto

AUFTRAG Lege das richtige Adjektiv zu jedem Satz.

MATERIAL Wald-Lotto A auf festes Papier kopieren,
Wald-Lotto B Kärtchen ausschneiden,
siehe Kopiervorlagen Seite 15 bis 16.

Sätze erkennen

AUFTRAG Erkennst du die einzelnen Sätze? Ziehe mit dem Filzstift nach jedem Satz einen Strich. Schreibe die Sätze.
Achtung: Der Satzanfang ist immer groß.

MATERIAL Arbeitsblatt, siehe Kopiervorlage Seite 17.

Wortteile

AUFTRAG Immer zwei Kärtchen ergeben ein Wort. Es sind zusammengesetzte Nomen. Wie viele findest du?

MATERIAL Kärtchen, siehe Kopiervorlage Seite 18.

HINWEIS Es müssen nicht alle Kärtchen verwendet werden.

Sätze erfinden

AUFTRAG Schreibe zwei bis drei Sätze zu den Stichwörtern.
Tipp: Lies im Leseheft „Uhu Tom".

MATERIAL Arbeitsblatt, siehe Kopiervorlage Seite 19.

Wanderdiktate

AUFTRAG Lege dein Wanderdiktat im Klassenzimmer aus. Lies jeden Satz einzeln durch und merke ihn dir genau. Schreibe dann die Sätze auf.

MATERIAL Wanderdiktate, siehe Kopiervorlage Seite 20.

Lesen und zeichnen

AUFTRAG Lies den Text genau. Male ein passendes Bild dazu.

MATERIAL Arbeitsblatt, siehe Kopiervorlage Seite 21.

Der Baum

AUFTRAG Lies den Text über den Baum. Falte das Blatt. Schreibe auf, was du zu den einzelnen Baumteilen weißt. Male den Baum aus.

MATERIAL Arbeitsblatt, siehe Kopiervorlage Seite 22.

HINWEIS Arbeitsblätter zuerst falten.

Gedicht

AUFTRAG Welches Gedicht gefällt dir am besten? Schreibe es in den Baum. Lerne es auswendig und trage es vor.

MATERIAL Arbeitsblätter, siehe Kopiervorlagen Seite 23 bis 24.

Zehn-Fehler-Suchbild

AUFTRAG Auf dem unteren Bild haben sich zehn Fehler eingeschlichen. Zeichne sie farbig ein. Du darfst das obere Bild ausmalen.

MATERIAL Arbeitsblatt, siehe Kopiervorlage Seite 25.

Wald-Memory

AUFTRAG Spielt das Wald-Memory!

MATERIAL Memorykärtchen doppelt kopieren (evtl. vergrößern und laminieren).
Kopiervorlagen Seite 26 bis 27.

AUFTRAG ### Geschichte erfinden
Erfinde eine Geschichte, in der ein Waldtier eine wichtige Rolle spielt. Schreibe sie in dein Heft.

AUFTRAG ### Verse
Lies die Verse gut durch. Zeichne anschließend zu jedem Vers ein passendes Bild in das Kästchen. Trage zwei Verse der Lehrerin/dem Lehrer vor.

MATERIAL Arbeitsblatt, siehe Kopiervorlage Seite 28.

Waldtiere erkennen

AUFTRAG Was für ein Durcheinander! Erkennst du die Waldtiere? Schreibe sie richtig auf.

MATERIAL Arbeitsblatt, siehe Kopiervorlage Seite 29.

Kreuzworträtsel

AUFTRAG Findest du das Lösungswort?

MATERIAL Arbeitsblatt, siehe Kopiervorlage Seite 30.

Das Lösungswort heißt: WALDTIERE.

Jahresbaum

AUFTRAG Zeichne einen Baum mit vier Ästen. Gestalte jeden Ast so, dass er eine andere Jahreszeit darstellt.

MATERIAL Zeichenblatt

Leseheft

AUFTRAG Suche dir ein Leseheft aus und lies es. Löse danach die Lernkontrolle. Wenn du willst, darfst du auch mehrere Hefte lesen!

MATERIAL Leseheft
Lernkontrollen, siehe Kopiervorlagen Seite 31 bis 32.

Waldgegenstände

AUFTRAG Ertaste und errate die zehn Waldgegenstände!

MATERIAL Zwei Tücher, Augenbinde, zwei Kisten mit diversen Waldgegenständen (Kiesel, Tannenzapfen, kleine Zweige, Blätter, Schneckenhäuser, Rindenstücke, Moos, Flechten ...).

Barfuß-Weg

AUFTRAG Schreite barfuß mit verbundenen Augen über den „Waldweg".

MATERIAL Plastikwannen mit verschiedenem Waldbodenmaterial (Laub, Erde, Kiesel, Gras ...).

HINWEIS Falls möglich Barfuß-Weg im Wald durchführen.

Feldhasen und Kaninchen

Feldhase

Die Feldhasen haben lange Ohren.
Sie ruhen im Feld in einer Mulde.
Bei der Geburt sehen sie sofort.
Sie werden mit Fell geboren.

Kaninchen

Kaninchen haben kürzere Ohren als Feldhasen.
Sie ruhen in einem Bau unter der Erde.
Bei der Geburt sind sie blind und taub.
Sie werden ohne Fell geboren.

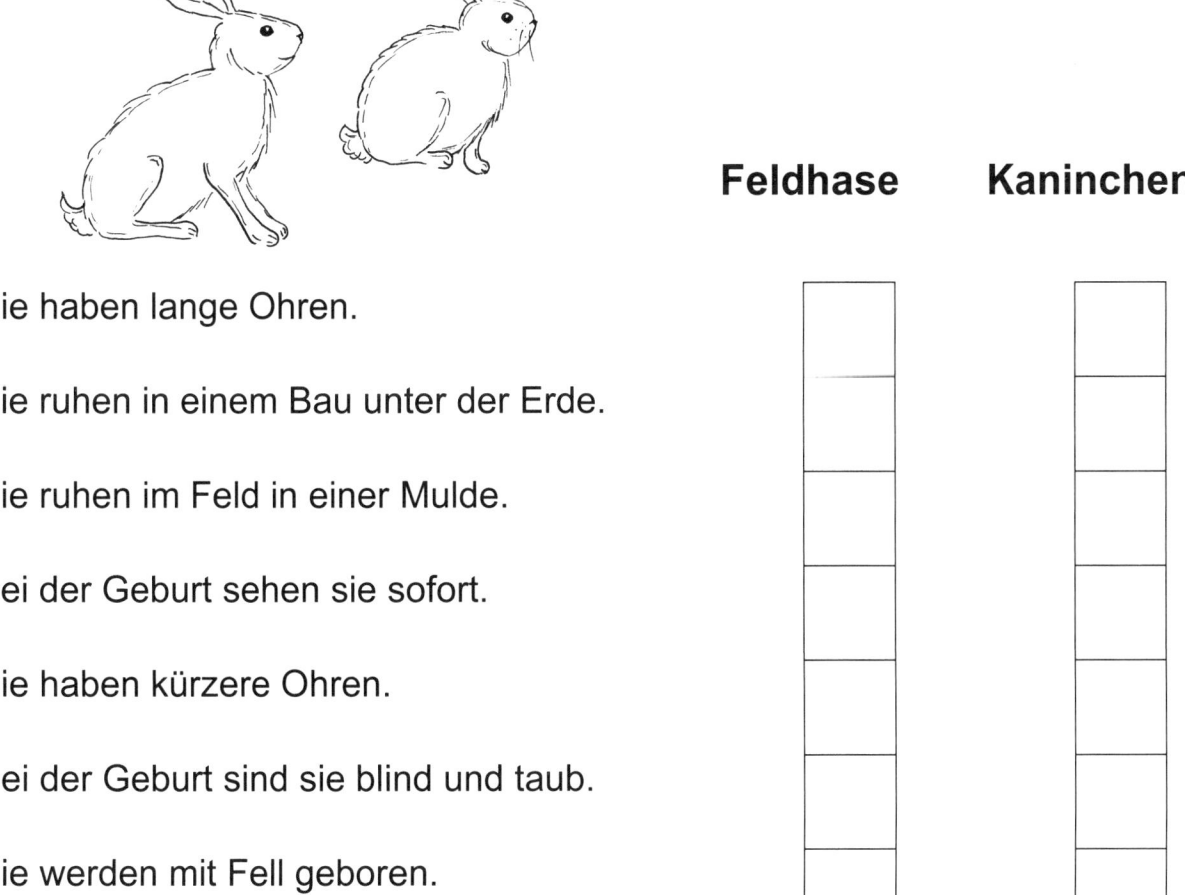

Sie haben lange Ohren.

Sie ruhen in einem Bau unter der Erde.

Sie ruhen im Feld in einer Mulde.

Bei der Geburt sehen sie sofort.

Sie haben kürzere Ohren.

Bei der Geburt sind sie blind und taub.

Sie werden mit Fell geboren.

Sie werden ohne Fell geboren.

Feldhase **Kaninchen**

Bildergeschichte

Labyrinth

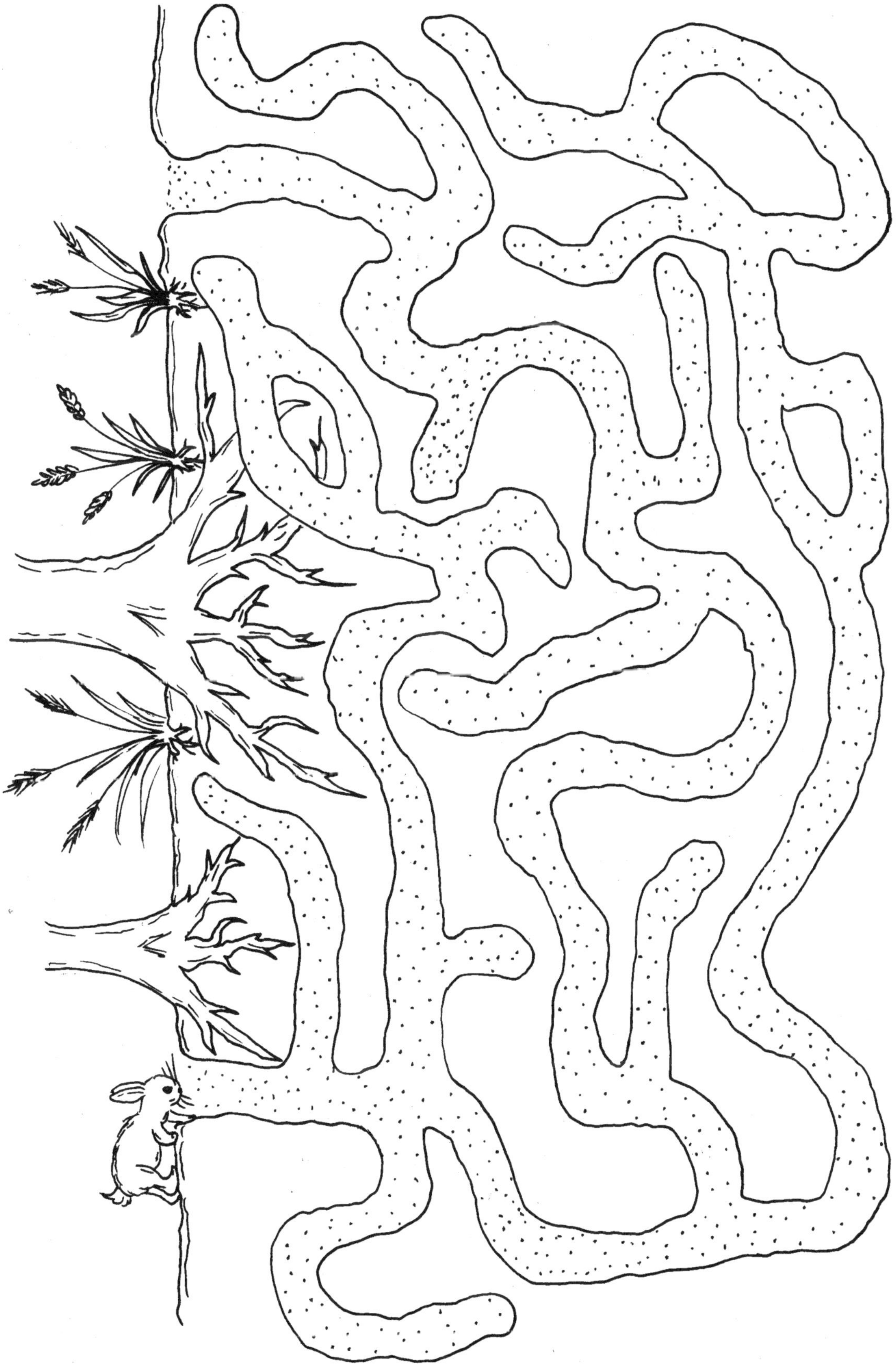

Eichhörnchen Kiki

Schlangensätze

Daseichhörnchenheißtkiki.

___

Esfrisstgernenüsse.

___

Kikihatscharfevorderzähne.

___

Esklettertblitzschnellinseinenkobel.

___

Derkobelistausästenundgrasgebaut.

___

Kikiwohntaufeinerrottanne.

___

Das sind die Nomen. Nomen schreibst du groß!

Eichhörnchen	Kobel
Kiki	Rottanne
Nüsse	Äste
Vorderzähne	Gras

Buchstabenwald

Suche die Wörter und übermale sie gelb.

Q	E	Y	D	A	D	U	L	P	K	I	K	I	E	G	R	O
Z	L	O	E	I	C	H	H	Ö	R	N	C	H	E	N	K	V
M	H	A	S	E	L	N	Ü	S	S	E	L	J	D	U	B	A
T	E	C	H	L	U	M	K	C	R	M	E	I	C	H	E	L
E	R	T	E	F	K	N	O	S	P	E	N	K	E	X	W	Q
A	L	L	E	S	F	R	E	S	S	E	R	B	P	T	R	E
Y	V	H	T	A	B	A	U	M	R	I	N	D	E	L	U	I
G	S	S	V	O	R	D	E	R	Z	Ä	H	N	E	B	T	Z
C	D	M	Ü	Y	K	H	E	G	T	N	E	S	T	R	R	I
U	K	U	F	P	K	O	B	E	L	Z	G	J	R	M	L	O
E	B	R	O	T	T	A	N	N	E	V	R	U	G	E	X	Ä
A	L	U	Z	W	I	N	T	E	R	S	C	H	L	A	F	M

WINTERSCHLAF   KNOSPEN
EICHHÖRNCHEN   ALLESFRESSER
KOBEL   VORDERZÄHNE
NEST   ROTTANNE
HASELNÜSSE   EICHEL
BAUMRINDE   KIKI

Ausmalen

Der Körper von Kiki ist hellbraun. Der Bauch ist fast weiß.

Sein Schwanz ist buschig und wechselt von hellbraun zu dunkelbraun.

Schwarze Knopfaugen schauen neugierig herum.

An den Ohren hat Kiki dunkle Haarbüschel.

In den Vorderpfoten hält Kiki ein Stück Apfel mit gelber Schale.

Seine Schnauzhaare sind schwarz.

Hinter Kiki liegt ein graubrauner Ast.

Wald-Lotto A

Der Specht sucht sich einen _____ Baum.	Mit seinem _____ Schnabel schlägt er Span um Span heraus.
So baut er seine Höhle im morschen Baum. Der Specht macht nie einen gesunden Baum _____.	Der Specht hält sich mit seinen _____ Krallen an der Baumrinde fest.
Er klettert den Baum hinauf und klopft die Rinde ab. Wenn es _____ klingt, hat er Nahrung entdeckt.	Er schlägt ein Loch und holt mit seiner _____ Zunge Insekten aus ihrem Versteck.
Im Frühling bauen die Spechte ihr Nest. Mit _____ Klopfen verteidigen sie ihr Revier.	Die fünf frisch geschlüpften Spechte sind _____ und taub.

Wald-Lotto B

morschen	harten
spitzen	klebrigen
hohl	lautem
blind	kaputt

Sätze erkennen

Der Specht hat einen kräftigen Schnabel er hämmert damit Löcher in die Baumrinde mit seiner klebrigen Zunge holt er Insekten heraus im Frühling sucht sich das Männchen ein Weibchen sie bauen ein Nest das Weibchen legt etwa fünf Eier nach zehn Tagen schlüpfen die ersten Jungspechte

Wortteile

Rot	tanne	Jung
spechte	Baum	stamm
Nadel	baum	Schwanz
feder	Nest	hocker
Laub	baum	Ameisen
haufen	Insekten	schwarm
Holz	span	Baum
rinde	Wald	tiere
Ahorn	blatt	Kaninchen
bau	Wald	weg
Tannen	zapfen	Wald
lichtung	Buchen	wald

Sätze erfinden

| Uhu
Nacht
erwacht
Mond | |

| Augen
beobachten
jagen
Maus | |

| Fuchs
Habicht
fauchen
Feinde | |

| Felsnische
Tag
müde
schlafen | |

Wanderdiktate

Satzdiktat Dreiwortsatz

Es ist Tag.
Uhu Tom schläft.
Der Mond scheint.
Der Uhu jagt.
Die Maus flieht.
Uhu Tom faucht.

Satzdiktat Vierwortsatz

Tom ist sehr hungrig.
Er dreht den Kopf.
Seine Augen leuchten orange.
Das ist sein Revier.
Er verschlingt eine Maus.
Er trifft den Fuchs.
Er sträubt seine Federn.

Satzdiktat Fünf- und Mehrwortsatz

Die Nacht ist sehr still.
Geräuschlos fliegt Tom durch den Wald.
Der Uhu hat scharfe Krallen.
Damit packt er seine Beute.
Später sitzt Tom in seiner Felsnische.
Er steckt seinen Schnabel in die Federn.
Er ist müde und schläft ein.

Lesen und zeichnen

1. Tom sitzt auf einem Ast.
2. Seine orangen Augen funkeln.
3. Es ist Vollmond.
4. Viele Sterne leuchten am Himmel.
5. Auf dem Ast krabbelt ein Käfer.
6. Ein Nachtfalter fliegt vorbei.

Der Baum

Blätter
Die Blätter sind für den Baum sehr wichtig.
Sie produzieren mithilfe des Sonnenlichts Zucker.
Die Energie des Zuckers braucht der Baum, um zu leben.

Baumstamm
Der Baumstamm ist die Verbindung zwischen den Wurzeln und der Baumkrone. Jedes Jahr entsteht unter der Rinde ein neuer Wachstumsring.

Wurzeln
Die Wurzeln stützen den Baum und ernähren ihn zugleich.

Was weißt du über den Baum?

_____
_____
_____
_____
_____
_____
_____
_____

Gedicht A

Zu fällen einen schönen Baum,
brauchts's eine halbe Stunde kaum.
Zu wachsen bis man ihn bewundert,
braucht er, bedenk es, ein Jahrhundert.

Eugen Roth

Eichhörnchen, Eichhörnchen,
du flinker Geselle!
Von Wipfel zu Wipfel,
wie schwingst du dich schnelle!
Wie schlüpfst du behende
ins kuglige Haus
und guckst so vergnüglich
zum Türlein heraus!

Marianne Garff

Es hämmert der Specht:
„Wurm in der Rinde,
wenn ich dich finde,
geht's dir schlecht!",
hämmert der Specht.
Dem Baum ist das recht.

Friedl Hofbauer

Gedicht B

Zehn-Fehler-Suchbild

Wald-Memory A

Wald-Memory B

Verse

Im Wald sind Bäume
riesengroß,
am Boden wächst
das weiche Moos.

Der Buntspecht hämmert
in den Baum,
du hörst ihn oft
und siehst ihn kaum.

Das Reh ist ein sehr
scheues Tier,
der tiefe Wald
ist sein Revier.

Der Uhu schläft
den ganzen Tag,
weil er die Nacht
viel lieber mag.

Der Fuchs, rotbraun
sein Fell,
ist ein ganz
schlauer Waldgesell.

Waldtiere erkennen

UUH _____

HÖREINCHCHEN _____

CHSPET _____

NINKAENCH _____

HRE _____

SUCHF _____

SAHE _____

AUMS _____

EIASEM _____

ELIG _____

Kreuzworträtsel

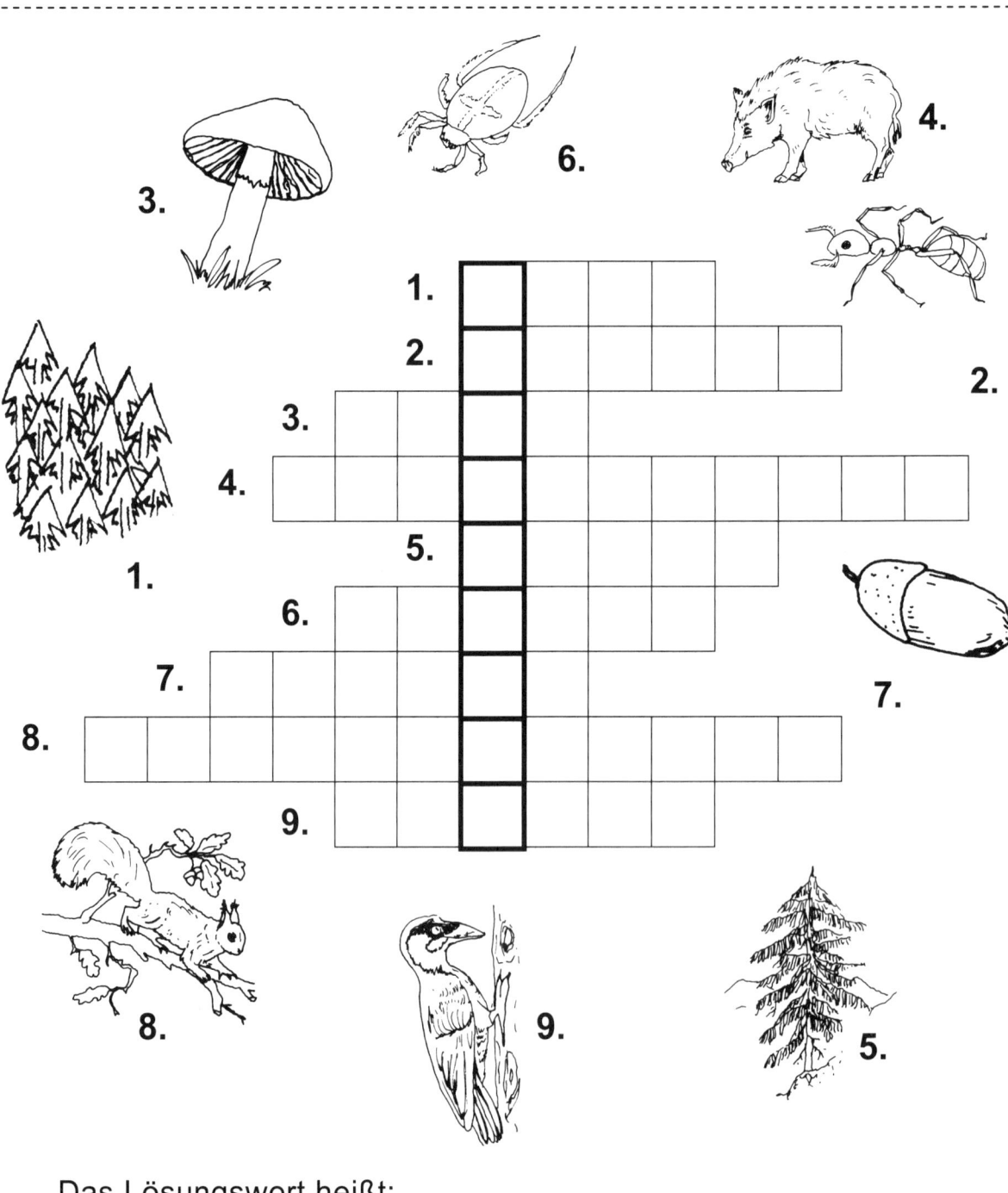

Das Lösungswort heißt:

Leseheft – Lernkontrolle A

Wildkaninchen Beni und Berta

- [ ] Kaninchen graben unterirdische Gänge.
- [ ] Hasen graben unterirdische Gänge.

- [ ] Junge Kaninchen werden mit Fell geboren.
- [ ] Junge Kaninchen werden ohne Fell geboren.

- [ ] Kaninchen fressen Pilze und Eier.
- [ ] Kaninchen fressen Gras und Kräuter.

- [ ] Der Specht, der Uhu und das Eichhörnchen sind Waldtiere.
- [ ] Der Specht, der Uhu und das Eichhörnchen sind Haustiere.

Eichhörnchen Kiki

- [ ] Das Eichhörnchen frisst Nüsse und Baumrinde.
- [ ] Das Eichhörnchen frisst Käfer und Schnecken.

- [ ] Der Kobel ist das Nest vom Eichhörnchen.
- [ ] Der Kobel ist das Nest vom Specht.

- [ ] Eichhörnchen verstecken Eicheln und Nüsse in der Erde.
- [ ] Eichhörnchen verstecken Eicheln und Nüsse im Kobel.

- [ ] Der Kobel ist aus Ästen und Laub oder Gras gebaut.
- [ ] Der Kobel ist aus Heu und Haarbüscheln gebaut.

Leseheft – Lernkontrolle B

Spechte Zip und Zap

☐ Frisch geschlüpfte Spechte haben die Augen geöffnet.
☐ Frisch geschlüpfte Spechte sind blind und taub.

☐ Spechte fressen Gras.
☐ Spechte fressen Insekten und Raupen.

☐ Nach zwei Wochen öffnen die Jungspechte die Augen.
☐ Nach einer Woche öffnen die Jungspechte die Augen.

☐ Nach vier Wochen können Spechte selbst für sich sorgen.
☐ Nach sieben Wochen können Spechte selbst für sich sorgen.

Uhu Tom

☐ Der Uhu ist ein Nachttier.
☐ Der Uhu ist ein Tagtier.

☐ Er frisst Knospen und Baumrinde.
☐ Er frisst Mäuse und Frösche.

☐ Der Uhu ist die kleinste Eulenart in unseren Wäldern.
☐ Der Uhu ist die größte Eulenart in unseren Wäldern.

☐ Wird ein Uhu angegriffen, sträubt er die Federn und faucht.
☐ Wird ein Uhu angegriffen, fliegt er schnell weg.

Kontrollblatt

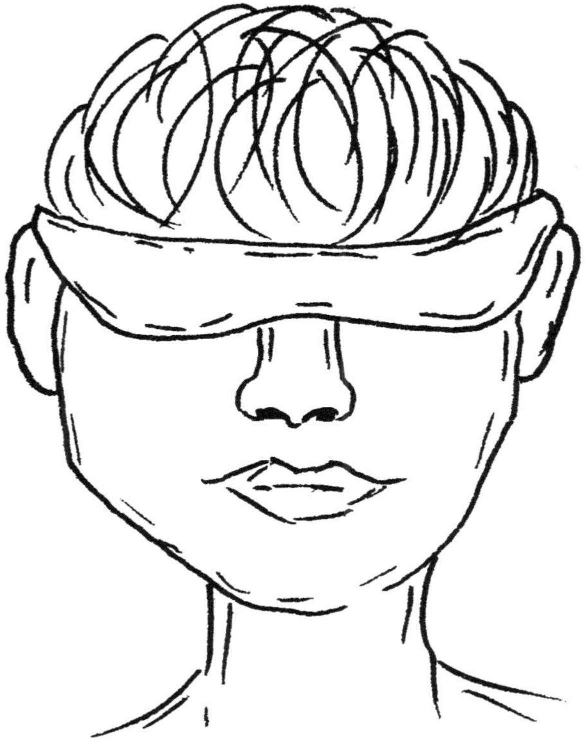

Feldhasen und Kaninchen

Lies die Texte sorgfältig durch.

Ordne die Sätze dem Kaninchen oder dem Feldhasen zu.

Barfuß-Weg

Gehe barfuß mit verbundenen Augen über den „Waldweg".

Bildergeschichte

Schau dir die vier Bilder genau an.
Schreibe zu jedem Bild mindestens zwei passende Sätze.

Waldgegenstände

Ertaste und errate die zehn Waldgegenstände!

Labyrinth

Zeichne den Weg durch das Labyrinth mit einem wasserlöslichen Filzstift auf die Zeigetasche.

Leseheft

Suche ein Leseheft aus.
Löse danach die Lernkontrolle.
Wenn du willst, darfst du auch mehrere Hefte lesen.

Schlangensätze

Lies die Schlangensätze genau durch.
Kreise die einzelnen Wörter ein.
Schreibe die Sätze richtig ab.
Achte auf die Nomen.

Jahresbaum

Zeichne einen Baum mit vier Ästen.
Gestalte jeden Ast so, dass er eine andere Jahreszeit darstellt.

Buchstabenwald

Umkreise die zwölf Wörter im Buchstabenwald mit verschiedenen Farben.

Kreuzworträtsel

Findest du das Lösungswort?

Ausmalen

Lies den Text sorgfältig durch.
Male das Eichhörnchen genau aus.

Waldtiere erkennen

Was für ein Durcheinander!
Erkennst du die Waldtiere?
Schreibe sie richtig auf.

S E C H T P

Wald-Lotto

Lege das richtige Adjektiv zu jedem Satz.

Verse

Lies die Verse gut durch.

Zeichne anschließend zu jedem Vers ein passendes Bild in das Kästchen.

Trage zwei Verse der Lehrerin vor.

Sätze erkennen

Erkennst du die einzelnen Sätze?
Ziehe mit dem Filzstift nach jedem Satz einen Strich.
Schreibe die Sätze.
Achtung: Der Satzanfang ist immer groß.

Geschichte erfinden

Erfinde eine Geschichte, in der ein Waldtier eine wichtige Rolle spielt.
Schreibe sie in dein Heft.

Wortteile

Immer zwei Kärtchen ergeben ein Wort.
Es sind zusammengesetzte Nomen.
Wie viele findest du?

Wald-Memory

Spielt das Wald-Memory.

Sätze erfinden

Schreibe zwei bis drei Sätze zu den Stichwörtern.

Tipp: Lies im Leseheft „Uhu Tom".

Zehn-Fehler-Suchbild

Auf dem unteren Bild haben sich zehn Fehler eingeschlichen.
Zeichne sie farbig ein.
Du darfst das obere Bild ausmalen.

Wanderdiktat

Lege dein Wanderdiktat im Schulzimmer aus.

Lies jeden Satz einzeln durch und merke ihn dir genau.

Schreibe die Sätze dann auf.

Gedicht

Welches Gedicht gefällt dir am besten?

Schreibe es in den Baum.

Lerne es auswendig und trage es vor.

Lesen und zeichnen

Lies den Text genau.
Male ein passendes Bild dazu.

Der Baum

Lies den Text über den Baum.
Falte das Blatt. Schreibe auf, was du zu den einzelnen Baumteilen weißt.
Male den Baum aus.

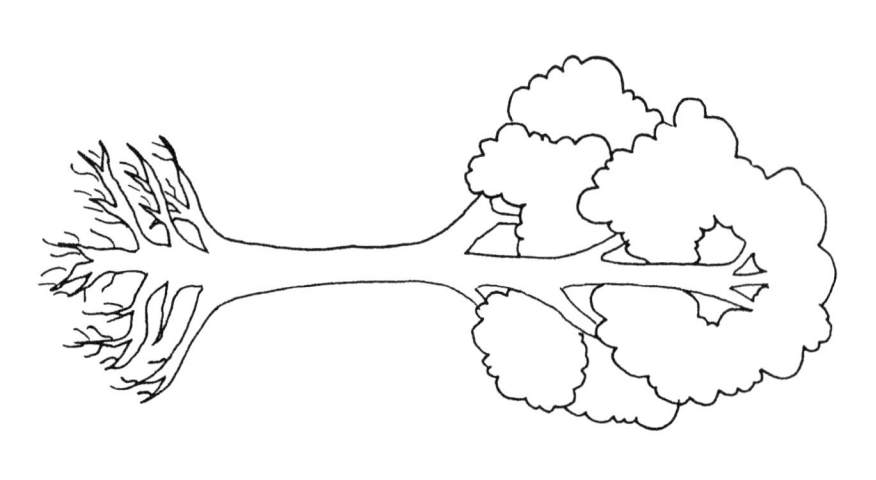

Nicole Brauer/Séverine Iseli

Leseheft:
Wildkaninchen Beni und Berta

Beni verschwindet im
unterirdischen Bau.
Er hat ihn gerade
mit Berta fertig gegraben.

Der Bau führt unter der
alten Eiche hindurch.
Er hat viele Gänge
und Fluchtwege.

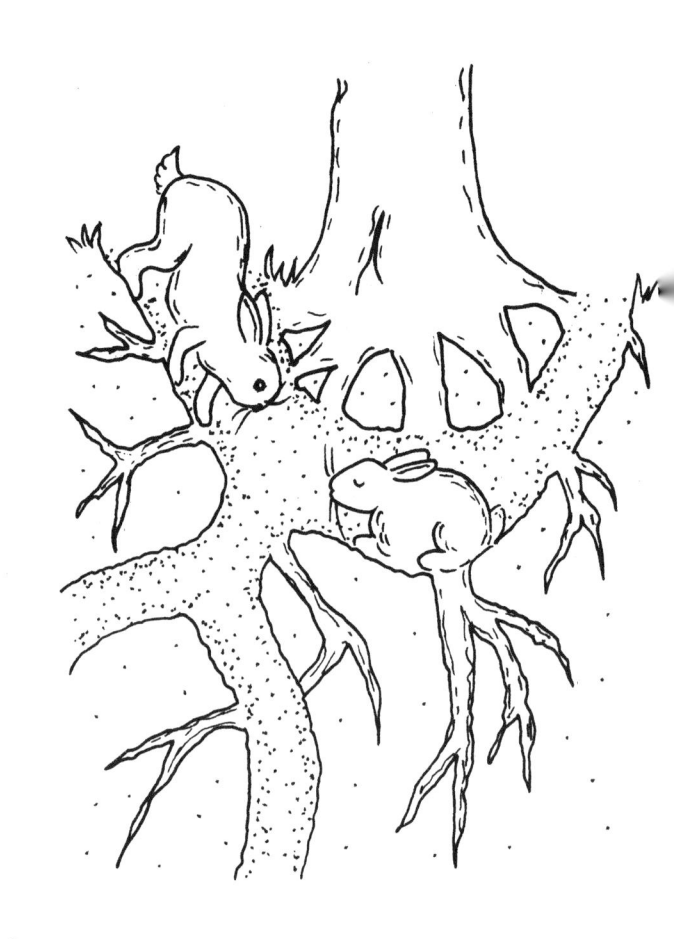

Berta und Beni werden
bald Nachwuchs bekommen.

Beide sammeln Gras.
Damit polstern sie
das Nest aus.

Berta zupft sich etwas Haare
aus dem Fell.
So wird das Nest ganz weich.

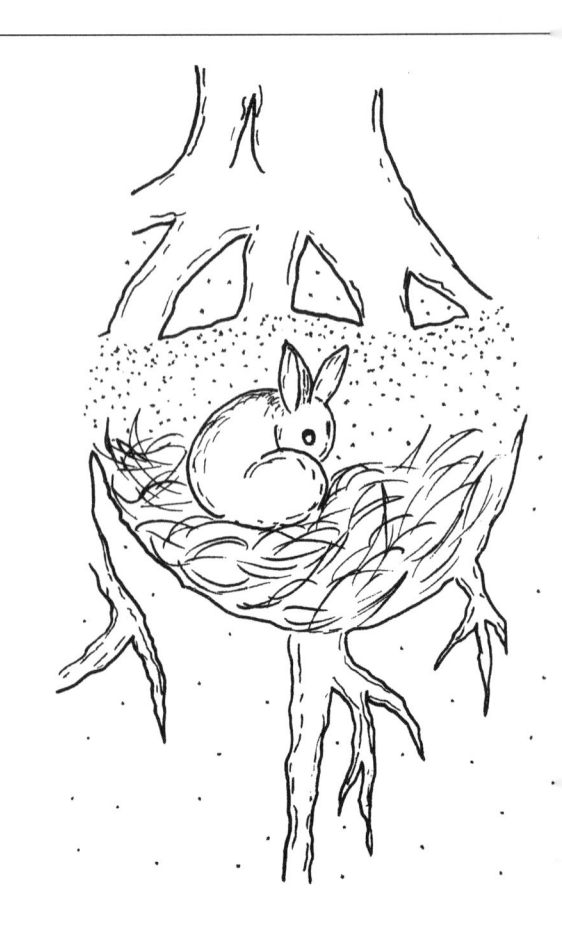

Nicole Brauer/Séverine Iseli

Leseheft:
Eichhörnchen Kiki

Das Eichhörnchen Kiki
ist ein Allesfresser.

Es frisst sehr gerne Nüsse,
Samen von Tannenzapfen,
Baumrinde, Knospen und
manchmal junge Vögel.

Mit seinen scharfen
Vorderzähnen knackt es
die Nüsse auf.

Kiki klettert in seinen Kobel.

Kobel, so nennt man das Nest
des Eichhörnchens.

Es besteht aus Gras und Ästen.
Kiki wohnt auf einer Rottanne.

Nicole Brauer/Séverine Iseli

Leseheft:
Spechte Zip und Zap

In der Rottanne
ist die Familie Specht zu Hause.

Die fünf jungen Spechte
sind gerade zwei Tage alt.
Sie sind blind und taub
und haben noch keine Federn.

Die Jungen sind ständig hungrig.

Vater und Mutter sind
sehr beschäftigt.
Sie bringen den Jungen Raupen,
Falter und andere Insekten.

Nicole Brauer/Séverine Iseli

Leseheft:
Uhu Tom

In der Nacht ist es ganz still.
Uhu Tom erwacht.
Er wohnt beim großen Felsen.

Der Uhu ist ein Nachttier.
Am Tag schläft er.

Tom ist hungrig.
Er frisst sehr gerne Spitzmäuse,
Frösche, Schlangen,
Igel und Kaninchen.